Januar

1	Neujahr	16	
2		17	
3		18	
4		19	
5		20	
6		21	
7		22	
8		23	
9		24	
10		25	
11		26	
12		27	
13		28	
14		29	
15		30	
		31	

Januar

John Bauer - Der Trolle und Goblins Geburtstagskalender

Bibliografische Information der Deutschen Nationalbibliothek:
Die Deutsche Nationalbibliothek verzeichnet diese Publikation in der Deutschen Nationalbibliografie; detaillierte bibliografische
Daten sind im Internet über http://dnb.dnb.de abrufbar.
© *2018 Elizabeth M. Potter 1. Auflage*
elizabeth.potter@t-online.de
www.elizabethpotter.de
Facebook 
Instagram 
Covergrafik, Texte, Bilder: © 2018 Elizabeth M. Potter
Herstellung und Verlag: BoD – Books on Demand, Norderstedt
ISBN: 9783752811056

Februar

	16
1	17
2	18
3	19
4	20
5	21
6	22
7	23
8	24
9	25
10	26
11	27
12	28
13	29
14	
15	

Februar

März

1		16	
2		17	
3		18	
4		19	
5		20	
6		21	
7		22	
8		23	
9		24	
10		25	
11		26	
12		27	
13		28	
14		29	
		30	
		31	

März

April

	16
1	17
2	18
3	19
4	20
5	21
6	22
7	23
8	24
9	25
10	26
11	27
12	28
13	29
14	30
15	

April

Mai

1	Tag der Arbeit	16	
2		17	
3		18	
4		19	
5		20	
6		21	
7		22	
8		23	
9		24	
10		25	
11		26	
12		27	
13		28	
14		29	
15		30	
		31	

Mai

Juni

1	16
2	17
3	18
4	19
5	20
6	21
7	22
8	23
9	24
10	25
11	26
12	27
13	28
14	29
15	30

Juni

Juli

	16
1	17
2	18
3	19
4	20
5	21
6	22
7	23
8	24
9	25
10	26
11	27
12	28
13	29
14	30
15	31

Juli

August

1	16
2	17
3	18
4	19
5	20
6	21
7	22
8	23
9	24
10	25
11	26
12	27
13	28
14	29
15	30
	31

August

September

1	16
2	17
3	18
4	19
5	20
6	21
7	22
8	23
9	24
10	25
11	26
12	27
13	28
14	29
15	30

September

Oktober

		16
1		17
2		18
3	Tag der Deutschen Einheit	19
4		20
5		21
6		22
7		23
8		24
9		25
10		26
11		27
12		28
13		29
14		30
15		31

Oktober

November

	16
1	17
2	18
3	19
4	20
5	21
6	22
7	23
8	24
9	25
10	26
11	27
12	28
13	29
14	30
15	

November

Dezember

	16	
1	**17**	
2	**18**	
3	**19**	
4	**20**	
5	**21**	
6	**22**	
7	**23**	
8	**24**	
9	**25**	1. Weihnachtstag
10	**26**	2. Weihnachtstag
11	**27**	
12	**28**	
13	**29**	
14	**30**	
15	**31**	

Dezember